ABUS

Dont la réforme est déjà proposée aux
États-Généraux : exposé ici sous la
forme de

CONVERSATION

ENTRE DEUX PRISONNIERS
DE LA CONCIERGERIE;

Par l'Éditeur des *Folies de mon Neveu*.

J'ai souvenance
Qu'en un pré de Moines passant,
. . . .
Je tondis de ce pré, la largeur de ma langue.
LA FONTAINE, *les animaux malades de la peste*.

1789.

AVANT-PROPOS.

Il n'y a pas d'année que le droit de chasse ne cause une infinité de procès; ce qui ne peut être utile qu'aux gens de Justice : il n'y a pas d'année que le même droit ne cause la mort ou la captivité à une infinité de malheureux ; ce qui ne sert à personne. Mais les foibles perdent toujours leur temps à déclamer contre les gens puissants que l'opulence met à l'abri de tout, excepté du ridicule ; & c'est la foiblesse que l'on opprime toujours, quand on le peut faire impunément : c'est l'opulence qui se moque de tout, que l'on a voulu mettre ici en opposition. Ce sujet pouvoit comporter plusieurs volumes ; mais, par modération, l'Auteur se borne à quelques pages d'un récit très-court. Il s'en rapporte, pour les raisonnements & les commentaires, aux Citoyens éclairés qui n'ont pas droit de chasse.

CONVERSATION
DE DEUX PRISONNIERS
DE LA CONCIERGERIE.

Il faut vous dire que M. de la Garenne s'étoit rendu volontairement, avant-hier, à la Conciergerie, en obéissant à un décret de prise de corps, & conformément à un Arrêt de la Cour, qui le condamnoit à être pendu tant que mort s'ensuive, sans cependant avoir envie de s'y conformer.

Jean Basset, honnête Vigneron, se trouvoit aussi détenu, mais involontairement, depuis six mois, ès mêmes dites prisons de la Conciergerie du Palais.

M. de la Garenne avoit un air de sérénité en se promenant dans le nouveau domicile qu'il occupoit. Il le parcouroit par curiosité; & il avoit l'air d'attendre avec impatience, une bonne nouvelle dont il étoit sûr; & il étoit habillé, coëffé, & tout préparé à sortir comme de chez lui. Jean Baſſet avoit l'air d'attendre, dans le plus profond chagrin, une cataſtrophe fâcheuſe qui lui faiſoit regretter même le domicile qu'il habitoit : il ne ſe promenoit pas ; il étoit aſſis ſur une pierre, en pleurant, la tête appuyée dans ſes mains.

Or, M. de la Garenne, qui eſt un homme fort doux, fut touché de compaſſion, en voyant la douleur de Jean Baſſet ; il l'aborda donc, & lui dit :

Qu'avez-vous donc, mon bon ami ? pourquoi vous lamenter comme vous faites ?

JEAN BASSET.

Ah ! Monſieur, ne m'en parlez pas. Je ne ſaurois y ſonger. Je ſuis injuſtement condamné aux galères ; & l'on va tout-à-l'heure venir me chercher pour me conduire au dépôt des forçats, qui eſt, comme vous ſavez, à la *Porte Saint-Bernard*, pour attendre le départ de la chaîne.

M. DE LA GARENNE.

Comment, le départ de la chaîne !

JEAN BASSET.

Oui, Mouſieur, quand nous ſerons réunis en nombre ſuffiſant d'honnêtes gens comme moi (je dis d'honnêtes gens, parce que je mesure tout le monde à mon aune, & que je ne sais pas mal parler de mon prochain); quand donc on nous aura rassemblés & attachés à une longue chaîne commune, on nous conduira, soit à Brest, soit à Rochefort, soit à Toulon, pour servir le Roi sur ses galères ; moi, qui crains l'eau !

M. DE LA GARENNE.

N'aie pas peur de l'eau, mon ami ; le Roi n'a plus de galères, & tu n'iras pas sur l'eau.

JEAN BASSET.

Et je vous dis que si, Monsieur, puisque cela y est.

M. DE LA GARENNE.

Sois tranquille, encore une fois, si ce n'est que l'eau & les galères qui t'effraient : on te conduira seulement au Port que l'on te destinera : tu y resteras enfermé ; tu n'y feras rien ; le Roi paiera fort cher ton gîte & ta nourriture, & tu seras fort mal gîté & fort mal nourri. Voilà tout. Si tu as de l'argent, si tu peux payer un gardien, tu sortiras dans la Ville, & tu y feras tout ce que tu voudras ; rien du tout, si cela te convient mieux.

JEAN BASSET.

Comment, Monsieur! on me condamne à servir le Roi, & je ne ferai rien pour lui? On me condamne à aller aux galères, & il n'y a pas de galères?

M. DE LA GARENNE.

Oui, mon ami.

JEAN BASSET.

Eh! mais, Monsieur, je vais donc devenir inutile dans le monde? & qui labourera mes champs?

M. DE LA GARENNE.

Que tes champs ne t'inquiètent pas; tes biens seront acquis & confisqués au profit du Roi, & sur iceux sera préalablement prélevée telle ou telle somme en faveur de qui il appartiendra de droit.

JEAN BASSET.

Mon Dieu! que me dites-vous là? & ma femme, mes enfants, que deviendront-ils?

M. DE LA GARENNE.

Rassure-toi sur leur compte. Il y a de bonnes ames dans le monde, & la France en est pleine dans ce siècle-ci, sur-tout depuis quelques années ; & tu n'as qu'à lire les Journaux, tu y verras une infinité de traits de bienfaisance, de générosité, avec le nom de l'adresse de ceux qui les font ; ce qui produit un bel effet. Comment t'appelles-tu ?

JEAN BASSET.

Jean Basset, pour vous servir : mais vous me dites que je ne peux plus servir personne, pas même le Roi, au service de qui je suis condamné.

M. DE LA GARENNE.

Jean Basset ? cela suffit : j'enverrai dix écus au bureau de l'un de nos Journaux, *pour la femme de Jean Basset, galérien*; on l'imprimera avec mon nom & ma qualité ; & cela lui fera beaucoup de bien, & à moi beaucoup d'honneur.

JEAN BASSET.

Si vous vouliez, Monsieur, me les donner à présent, je les lui ferois passer sur-le-champ.

M. DE LA GARENNE.

Non pas, mon ami, il faut que j'observe la

A 4

petite formalité ; mais c'eſt comme ſi elle les avoit.

JEAN BASSET.

Bien obligé, Monſieur. Mais dites-moi donc ce que je ferai de mes bras, qui ſont encore vigoureux, comme vous voyez ? je vais bien m'ennuyer. Ce ſera une rude pénitence pour moi.

M. DE LA GARENNE.

Tu l'as méritée, mon ami, cette pénitence-là : tu as eu tort.

JEAN BASSET.

Comment, tort ! c'eſt bien le Sanglier qui a eu tort.

M. DE LA GARENNE.

Le Sanglier a eu tort ?

JEAN BASSET.

Parbleu ! ſans doute : eſt-ce que vous ne le ſavez pas ? toute la priſon en eſt pourtant inſtruite.

M. DE LA GARENNE.

Pardon ; c'eſt que je ſuis ici depuis peu de temps : j'ai été, la ſemaine dernière, condamné à être pendu ; & je ne me suis constitué prisonnier qu'hier au soir.

JEAN BASSET, *ôtant son bonnet.*

Pendu ! — Je vous prie de me pardonner ; je ne vous croyois pas prisonnier constitué plus haut en grade que moi.

M. DE LA GARENNE.

Laisse, laisse ton bonnet, cela ne vaut pas la peine d'y prendre garde : mais, dis-moi donc ce que tu as fait ? Tu es peut-être contrebandier ? tu as peut-être voulu frauder les droits du Roi ?

JEAN BASSET.

Frauder les droits du Roi ! je suis trop bon citoyen pour cela, quoique simple paysan : je sais qu'il faut que je donne ma part comme les autres à la somme qui lui est nécessaire pour soutenir son honneur & celui de l'Etat.

M. DE LA GARENNE.

Eh bien ! tu as donc fait quelque tour de friponnerie ? volé quelques moutons, quelques vaches ? enfin, tu as fait quelque tort à tes voisins.

Jean Basset.

Et c'eſt juſtement à moi que l'on a fait du tort : ce Sanglier....

M. de la Garenne.

Voyons donc l'hiſtoire de ce Sanglier.

Jean Basset.

Volontiers, Monſieur, puiſque vous ne la ſavez pas : c'eſt lui, comme je vous dis, qui eſt cauſe que je ſuis condamné à aller aux galères, où je n'irai pas, d'après ce que vous m'aſſurez. Je vous dirai donc que j'ai quelques pièces de vignes, & quelques quartiers de terre labourable attenant le bois qui appartient aux Bénédictins, Seigneurs de chez nous. Dans ce bois, on n'y avoit jamais vu de Sanglier : j'étois bien incommodé journellement dans nos petites poſſeſſions, par les lièvres, les lapins & les perdrix de l'Abbaye ; mais je rendois le plus grand reſpect aux perdrix, aux lièvres & aux lapins de Noſſeigneurs. Je paſſois là-deſſus ; je m'en plaignois ſeulement à *Dom Procureur*, qui avoit tous les ſoirs quelque choſe à dire à la couſine Charlotte : enfin, aux environs des vendanges dernières, un Sanglier a paru. Il ſortoit toutes les nuits,

& il venoit fourrager dans ma vigne; la déraciner; en manger les raisins, & soulever les pommes de terre que j'avois plantées dans l'intervalle des ceps; j'engageai les Gardes à me défaire de cette maudite bête-là. Je priai *Dom Procureur* de donner ses ordres en conséquence. Tout cela ne servit à rien: la bête revenoit continuellement briser ma vigne & manger mes pommes de terre. Quand je vis cela, je me mis à l'affût, & la blessai d'une balle. Les Gardes, que je ne voyois pas, étoient là: ils me saisirent; dressèrent Procès-verbal; & j'eus beau implorer *Dom Procureur* & la cousine Charlotte, j'ai été condamné aux galères.

M. DE LA GARENNE.

Tu n'as pas à te plaindre, mon ami. Le jugement est bien rendu: tu as offensé la propriété de tes Seigneurs.

JEAN BASSET.

Et quand j'aurois tué cet animal, que je n'ai qu'estropié, je ne pouvois les offenser, ni même leur nuire: ils ne mangent pas de viande.

M. DE LA GARENNE.

N'importe: c'est leur chose; & encore une

fois, c'est toi qui as eu tort, & non pas le Sanglier, qui faisoit ce qui lui étoit permis; tandis que tu faisois, toi, ce qui t'étoit défendu.

JEAN BASSET.

Voilà des défenses & des permissions qui me paroissent bien extraordinaires: mais, Monsieur, tout pendu que vous allez être, vous devez convenir avec moi….

M. DE LA GARENNE.

Je ne serai pas pendu : j'ai ma grace; & c'est pour me l'entendre prononcer que je me suis ici constitué prisonnier.

JEAN BASSET.

Vous avez votre grace? ah! tant mieux! cela me fait plaisir : je sais que le Roi est bon; & par-là je peux donc aussi avoir la mienne.

M. DE LA GARENNE.

Non : le cas où tu es, t'en exclud.

JEAN BASSET.

Et quel est donc celui où vous êtes, qui vous y admet?

M. DE LA GARENNE.

C'est que, moi, j'ai tué un homme.

JEAN BASSET.

Vous avez tué un homme! & vous avez votre grace! & moi qui n'ai qu'estropié à une jambe un Sanglier qui sortoit des bois des RR. PP. Bénédictins....

M. DE LA GARENNE.

Des Révérends-Pères! vous parlez d'eux comme si vous parliez de Capucins. Servez-vous de qualifications plus décentes: dites Messieurs.

JEAN BASSET.

Dam! je parle comme je sais, & parce que je les crois vénérables, quoiqu'ils soient cause que je vais aux galères. Je dis donc, Monsieur, qu'il est singulier que je ne puisse pas avoir ma grace, parce que j'ai blessé à Messieurs les Bénédictins, un Sanglier qui ruinoit ma récolte.

M. DE LA GARENNE.

Non; parce que tu as commis une véritable faute, en nuisant aux droits des Bénédictins qui sont Seigneurs de ton pays: & moi, je n'ai fait que m'oppoſer au tort que l'on faiſoit à ma propriété.

JEAN BASSET.

Répétez-moi cela, je vous prie, Monſieur; car je n'y entends rien : & je ne peux pas me mettre dans la tête que je ſois inexcuſable d'avoir voulu me débarraſſer d'un animal qui mangeoit ce que j'avois planté, ce que je labourois, ce que je cultivois journellement : & que, quant à vous, il eſt tout ſimple que vous ayiez tué un homme.

M. DE LA GARENNE.

Mon ami, c'eſt qu'il eſt défendu de toucher à rien de ce qui appartient à Meſſieurs les Bénédictins, deſquels vous étiez condamné en naiſſant, de nourrir tout le gibier : & non-ſeulement le leur & celui de Meſſieurs les Bernardins, de Meſſieurs les Chartreux, de Meſſieurs de Saint-Victor, de Sainte-Géneviève, &c.; mais encore celui de tout Seigneur quelconque : & c'eſt pour une pareille infraction aux droits de la même propriété, que j'ai tué un homme qui comptoit manger deux lapins qu'il avoit tués ſur mes terres ; parce que j'ai des terres, moi, & une ſuperbe garenne qui me fournit du gibier excellent ; & parce qu'après avoir gagné beaucoup d'argent dans ma vie, j'ai voulu mourir en Seigneur de Paroisse. Ainsi, mon ami, tu es fort bien jugé, & tu dois même te trouver fort heureux d'en être quitte à si bon marché.

JEAN BASSET.

Comment! Dom Prieur pouvoit donc aussi me tuer?

M. DE LA GARENNE.

Sans doute, si tu avois osé faire résistance. J'ai tué, moi, sans façon, un de tes confrères, parce qu'il ne vouloit pas me rendre mes lapins qui mangeoient ses choux; & j'en avois le droit. Il est vrai qu'après le coup, j'ai été obligé de m'absenter. On m'a ensuite condamné à être pendu, seulement par formalité; & j'ai obtenu ma grace incontinent. C'est ce matin qu'on doit me la lire; cela devroit être déjà fait : & je ne sais à quoi ces Juges passent leur temps. Il est déjà près d'onze heures; & il faut que j'aille dîner sur mes terres aujourd'hui.

Ils en étoient là, lorsqu'un Guichetier vint les avertir; l'un qu'on l'attendoit pour le transférer à la prison de la porte Saint-Bernard; l'autre qu'on le demandoit à la Chambre Criminelle pour lui prononcer sa grace.

Jean Basset se mit à pleurer plus que jamais, en songeant à sa femme & à ses enfants; plus

que jamais il se mit à jurer comme un damné, contre les Sangliers & Messieurs les Bénédictins, & contre les galères qui n'existent plus.

Monsieur de la Garenne, plein de joie, alla vîtement entendre prononcer sa grace, & recevoir la permission de retourner sur ses terres, & de tuer les gens qui auroient l'audace d'empêcher ses lapins de manger leurs choux. Jean Basset lui demanda, avant de le quitter, un petit à compte sur les dix écus qu'il promettoit à sa femme : mais il lui répondit qu'un braconnier ne méritoit nulle grace d'aucun Seigneur de Paroisse; que ce seroit autoriser le vice; mais qu'il feroit parvenir à sa femme, les dix écus par la voie du Journal.

F I N.

www.ingramcontent.com/pod-product-compliance
Lightning Source LLC
Chambersburg PA
CBHW071441060426
42450CB00009BA/2261